MUMPRENEURS
Mulheres que empreendem sem deixar de ser mãe.

Inês Gomes

MUMPRENEURS

MUMPRENEURS
Mulheres que empreendem sem deixar de ser mãe.

Inês Gomes

Copyright © 2024

Todos os direitos reservados.

ISBN: 9798343416527

Inês Gomes

Rio Studios / Wise Books

Em coautoria com:
Thaís Altgott, Eliana Medeiros da Silveira,
Shirley Halgand, Juliana Gomes, Raiany Santana,
Alexandra Pereira, Arilane Fernandes e Michelle Costa.

DEDICATÓRIA

Para todas as mães empreendedoras que, com fé e coragem, enfrentam as batalhas diárias para cuidar de seus entes queridos enquanto lutam para conquistar o pão de cada dia: esta dedicatória é para vocês. Que a força do amor e a fé nunca lhes faltem, e que cada conquista seja um testemunho da sua resiliência e determinação. Vocês são a prova viva de que milagres acontecem todos os dias.

MUMPRENEURS

PREFÁCIO

Meu nome é Inês Gomes, fundadora da The Feelings Teacher, uma empresa que nasceu em 2019, fruto do meu trabalho nas escolas inglesas, apoiando crianças e famílias em suas jornadas emocionais. Como mãe empreendedora, imigrante e profissional, eu mesma trilhei caminhos repletos de desafios. Casada e mãe de duas filhas, hoje com 23 e 17 anos, já vivi muitas lutas enquanto equilibrava as responsabilidades familiares e o desejo de construir um futuro no exterior.

Foi essa jornada de superação, tanto como mãe quanto empreendedora, que me trouxe até aqui, onde pude transformar minha empresa em um sucesso e, agora, compartilhar meu conhecimento com outras mães que estão na mesma trajetória.

O livro Mumpreneurs nasceu da vontade de mostrar ao mundo o que nós, mães, empreendedoras e imigrantes, temos de mais especial. Cada uma de nós carrega uma força singular, que nos move através dos desafios e nos permite criar vidas repletas de conquistas, tanto pessoais quanto profissionais. Ao longo deste livro, você encontrará histórias de mulheres que, como eu, passaram por momentos difíceis, mas souberam encontrar seu caminho para o sucesso.

Essas histórias são poderosas não apenas porque revelam a resiliência dessas mães, mas porque mostram que, apesar de todas as adversidades, é possível vencer e prosperar. Mais do que contar histórias, Mumpreneurs é um convite à reflexão sobre como equilibramos nossas carreiras e a vida familiar. Muitas vezes, como mães, nos sentimos divididas entre as responsabilidades profissionais e o cuidado com a família.

O peso de atender a todas essas demandas pode nos deixar exaustas, mas é importante lembrar que não precisamos fazer isso sozinhas, e que o equilíbrio é possível. Este livro não é apenas uma inspiração para seguir em frente, mas também um guia prático, com atividades que ajudarão você a organizar sua rotina e encontrar o seu próprio equilíbrio entre o trabalho e a vida familiar.

Meu desejo com Mumpreneurs é que você, mãe empreendedora, ao ler essas histórias e praticar as atividades, se sinta fortalecida e capaz de criar sua própria trajetória de sucesso.

A jornada pode ser desafiadora, mas com apoio, resiliência e estratégia, você poderá alcançar seus sonhos.

MUMPRENEURS

Nesta obra, fazemos um apanhado da essência do que é ser uma mãe empreendedora, uma Mumpreneur. Inês Gomes, durante seis meses, mergulhou nas histórias de diversas mulheres que compartilharam suas experiências sobre a difícil tarefa de conciliar o empreendedorismo com a vida materna. Cada história apresentada nesta obra é uma jornada única de superação e resiliência, mostrando que é possível equilibrar o cuidado com os filhos, muitas vezes com necessidades especiais, o matrimônio e as atividades domésticas e profissionais.

A figura da mãe empreendedora, ou Mumpreneur, é uma combinação extraordinária de habilidades de negócios e habilidades parentais. A partir dos relatos de mulheres inspiradoras, a autora mostra que a força, a coragem e a criatividade são atributos indispensáveis para vencer as barreiras que surgem tanto no mundo dos negócios quanto na vida pessoal.

Inês Gomes, conhecida como "The Feelings Teacher", dedica-se a ajudar essas mulheres a explorar e compreender seus sentimentos enquanto navegam por essas águas turbulentas. Seu trabalho ao longo dos anos a fez perceber que a chave para o sucesso é o equilíbrio emocional. As emoções, quando bem geridas, podem se tornar uma fonte de força e inovação, permitindo que essas mães encontrem soluções criativas para os desafios que enfrentam.

O livro explora várias facetas da vida de uma Mumpreneur. Desde as rotinas diárias até as estratégias de negócios, passando pelo papel crucial da rede de apoio familiar e comunitária. Cada capítulo traz uma nova perspectiva sobre como essas mulheres transformam obstáculos em oportunidades, inspirando não apenas outras mães, mas todos aqueles que desejam empreender sem renunciar as suas responsabilidades pessoais.

Além das histórias pessoais, o livro inclui uma série de depoimentos e biografias de mulheres que superaram desafios significativos em suas carreiras. Cada relato é um testemunho de determinação e fé, mostrando que mesmo nos momentos mais difíceis, é possível encontrar a força necessária para seguir em frente. Essas histórias são enriquecedoras e fornecem uma visão realista e encorajadora sobre o que significa ser uma mãe empreendedora nos dias de hoje.

Para enriquecer ainda mais a obra, Inês Gomes recorreu a uma vasta gama de fontes e referências da internet, complementando os relatos pessoais com dados e insights atuais sobre empreendedorismo feminino e maternidade. Estudos recentes mostram que o número de mulheres que decidem abrir seus próprios negócios tem crescido significativamente nos últimos anos, impulsionado pela necessidade de flexibilidade e autonomia. Essas mulheres, muitas vezes, encontram no empreendedorismo uma maneira de equilibrar a vida profissional e pessoal, oferecendo um modelo de sucesso que desafia as normas tradicionais.

Este livro não é apenas uma coleção de histórias; é um manual de inspiração e uma fonte de empoderamento. Cada página convida o leitor a refletir sobre suas próprias jornadas e a acreditar que, com determinação e apoio, é possível alcançar grandes feitos. Através das lições aprendidas por essas Mumpreneurs, Inês Gomes espera oferecer não apenas um recurso prático, mas também um farol de esperança e motivação para outras mulheres que estão trilhando um caminho semelhante.

Ao longo da obra, o leitor é convidado a explorar diversas dimensões da experiência de ser uma Mumpreneur. Desde a gestão do tempo e a divisão de tarefas, até as estratégias de marketing e inovação. Cada tópico é abordado com profundidade, proporcionando uma visão holística do que significa empreender enquanto se é mãe. As dicas práticas e os conselhos compartilhados pelas participantes são valiosos e aplicáveis a uma variedade de contextos, tornando o livro uma leitura indispensável para qualquer mulher que aspire a ser uma empreendedora.

A mensagem central de "Mumpreneurs" é clara: não há limites para o que uma mãe empreendedora pode alcançar. Com a combinação certa de paixão, persistência e apoio, qualquer desafio pode ser superado. Esta obra celebra a força e a resiliência das mulheres que, diariamente, enfrentam os desafios do empreendedorismo sem renunciar ao amor e do cuidado com suas famílias.

Por fim, o livro também destaca a importância da comunidade e da colaboração. As histórias compartilhadas por Inês Gomes mostram que o caminho do empreendedorismo não precisa ser trilhado sozinho. Através de redes de apoio e parcerias, as Mumpreneurs podem encontrar o suporte necessário para prosperar em suas jornadas pessoais e profissionais.

"Mumpreneurs" é mais do que um livro; é um tributo às mulheres que, com coragem e determinação, estão moldando um futuro melhor para si mesmas e para suas famílias. Seja você uma mãe que já empreende, ou alguém que está considerando dar esse passo, este livro oferece inspiração, orientação e um lembrete poderoso de que você não está sozinha nessa jornada.

"Toda mulher é em si uma multiplicadora"

Bibi

Você está sempre em meus momentos especiais.
Obrigada
forever

Ines xxx.

Inês Gomes

Inês Gomes é brasileira, nascida e criada no Rio de Janeiro, hoje radicada em Londres. Seus pais do subúrbio do Rio na Favela do Juramento, se separaram quando ela tinha apenas quatro anos de idade, aos sete anos mudou para a Urca para viver com a mãe e o padrasto. "Cresci nos dois mundos, meu pai pagava pela minha educação, então minha mãe sempre me colocou em boas escolas, isso significava crianças de classe média alta, bem diferentes de mim, muitas vezes sofri bullying por ser de outra classe social. Na favela, brincava e era feliz com minha família e as outras crianças, entretanto essas também me viam diferente, e muitas vezes não me aceitavam, pois eu era "rica". O que isso me ensinou? Resiliência. Na escola não tinha facilidade em aprender e cheguei a repetir por dois anos seguidos, também sempre tive baixa autoestima, pois não me sentia apoiada pela família, que como todos, me julgavam por irresponsável, bagunceira e preguiçosa". Conta Inês.

Na adolescência ela sempre se inspirou na tia Leila que estudava para ser psicóloga. "Lembro de dizer a ela que gostaria de ser psicóloga também, mas ela me disse "Não, você não gosta de estudar então não é para você" Nem tentei". Completa. Logo que ingressou na faculdade de publicidade conseguiu um estágio em uma das maiores agências de publicidade do mundo da época, a ALMAP/BBDO, na qual trabalhava junto do seu pai que era produtor gráfico da agência. Em seis meses lhe foi ofertado um emprego em uma produtora de vídeo, trabalhou na produtora por um ano, fez outros trabalhos, mas sempre teve a vontade de ir para Londres.

Em 1996 viajou para Londres por um mês e por mais um mês seguiu viagem sozinha pela Europa. Na volta ao Brasil começou a trabalhar com eventos e confessa que adorava a vida de glamour, festas, viagens e liberdade. "Em 1997 meu pai faleceu de câncer, minhas meias irmãs tinham cinco e nove anos, eu estava com vinte e três. Vendo meu pai definhando em quatro meses me ensinou de que a vida é muito curta. Decidi vir a Londres por um ano, com a ajuda da minha mãe e muito trabalho, chegando aqui em novembro de 1998. Em meus primeiros quatro meses mudei de casa sete vezes, queria trabalhar como nanny, mas meu inglês não era bom o bastante para isso, então trabalhava em um restaurante como garçonete e frequentava a escola. Em março de 1999 conheci meu esposo, Manuel, nos casamos em outubro 1999 e em junho 2001 tive minha primeira filha, Helena. Daí virei mãe, fiz outros trabalhos em lojas de departamento como Fenwick e Havey Nichols, no departamento de maquiagem". Afirma.

Em 2004 Inês mudou junto da família para Recife, pois sentia muita saudade do Brasil e foi morar perto da sua tia Leila. Tinham o sonho de abrir um restaurante, Manuel seu esposo é chefe de cozinha e ela era Gerente de restaurante, porém os sonhos não se concretizaram, tiveram uma vida difícil nesse período de três anos em que ficaram na região. "Assim que cheguei em Recife comecei a trabalhar como professora de inglês em um curso chamado ELC idiomas. La comecei minha missão com as crianças. Aquelas mais difíceis eram as que me excitavam mais, tínhamos também uma franquia de café bem popular em Recife chamada São Braz. Minha segunda filha Livia nasceu em Recife em maio 2007. A situação estava difícil para nós e em janeiro 2008 meu marido voltou a Londres, eu fiquei para vender o café, nossa propriedade e organizar a mudança de volta a Londres. Cheguei em Londres em julho de 2008 com a Helena de sete anos e a Livia de um ano, iniciei os trabalhos em restaurantes".

Em 2010 começou a voluntariar na escola primária da filha após conhecer uma senhora chamada Sue Riley que trabalhava no local. Trabalhou com meninos e meninas com necessidades emocionais e educacionais, porém, com o decorrer do tempo o espaço já estava pequeno e Inês queria se aventurar mais em outros tipos de escola, começou a se especializar em profissional de autismo e TDHA, também se especializou em treinadora pela National Autistic Society.

"Sempre fui apaixonada pelo suporte a pessoas de autismo de alto funcionamento, especialmente em meninas, pois a condição se apresenta bem diferente. Entretanto, após estudar tanto sobre transtornos comecei a me identificar com os sintomas e convenci a psicóloga a me recomendar para um psiquiatra. Enfim tudo foi explicado, tenho ansiedade generalizada e TDHA. Aquela menina bagunceira, preguiçosa, que não aprende nada, era uma menina com necessidades que não foram atendidas. Com isso a minha vontade de ajudar e fazer um trabalho de qualidade ficou ainda maior. Das minhas experiências em escolas especializadas, a minha favorita foi em uma escola para crianças que são excluídos permanentes das escolas regulares. O comportamento dessas crianças pode ser bem desafiante, muitas vezes vem de famílias de baixa renda, tem transtornos não diagnosticados, traumas, vítimas de violência familiar. Meu Deus, como gostei de trabalhar com essas crianças! A satisfação de vê-los crescer, sorrir e ter alguém que possam confiar neles é inexplicável".

Em setembro 2016 ela começou a trabalhar como Gerente Pastoral e de proteção familiar em uma escola primaria em Greenwich Londres. Para crescer cada vez mais profissionalmente, ela tem se atualizado cada vez mais e já fez inúmeras qualificações como, Emotion Coaching

Trainer – Emotion Coaching UK, Restorative Approach Practitioner – University of Greenwich, Counselling Children and Young People – Online Academy, Autism Trainer Development – National Autistic Society, Autism and ADHD practitioner – City & Guilds, Mental Health first aid – Lego therapy – Building Language with Lego, Child & Young People workforce / Level 3 with – City & Guilds, Positive Behaviour Support & handling Safeguarding designated leader.

"Como parte da minha qualificação, eu fiz a implementação da abordagem restaurativa e Emotion Coaching, treinei todos os funcionários da escola, treinei crianças mediadoras, mudei a política de comportamento da escola, o qual foi também usada para a política de toda a Trust que são 7 escolas. O trabalho era árduo, mas gratificante. Em 2018 amigos começaram a me recomendar para ajudar, terapeuticamente, crianças com transtornos ou comportamento desafiante e suas famílias. Assim começou o meu trabalho independente. Um dia um grupo de crianças estava mostrando a escola para outros pais e entraram no meu escritório, me apresentaram como a Mrs. Gomes, a professora. Daí respondi, "Mas eu não sou professora!" e o menino logo disse, é sim! Você é nossa professora de sentimentos, você nos ensina como saber oque estamos sentindo e como vamos lidar com eles!" e assim Nasceu The Feelings Teacher.". Conta.

Em fevereiro 2019 saiu da escola, abriu a empresa e começou a sua aventura. Inês tinha seis clientes e muitos sonhos. No primeiro ano ministrou cursos e aumentou o portfólio de clientes. Seu trabalho valeu apena, centenas de crianças já passaram pelas mãos dela e no momento possui lista de espera de 6 meses para clientes particulares, ministra consultoria em escolas, treinamento e suporte a pais tanto em grupo, como individual. Ela tem uma abordagem muito bem-sucedida, uso da neurociência, abordagem restaurativa, estratégias práticas de transtorno, e o mais importante, honestidade, imparcialidade, claridade e adaptabilidade. No momento está traduzindo seus cursos para o português e em menos de um ano recebeu o primeiro lugar em curso no Top OF Mind e outro prêmio Award pelo seu trabalho de terapeuta. "Ajudei várias mulheres do grupo, e aqui estou, tendo esse reconhecimento incrível pela revista FAMA. Meu coração está cheio de alegria e esperança". Completa.

"Crescer é difícil, ser pai e mãe mais difícil ainda. Todos precisamos de apoio, não é vergonha ou significa que temos problemas. Em meu trabalho vejo famílias de alta classe a famílias com muita necessidade. No final das contas as necessidades são as mesmas. Quando uma mãe ou pai aprende a se conectar com seu filho, é mágico. Meus serviços não são exclusivos para crianças com neurodiversidade e sim para aqueles que sentem que crescer é difícil, seja em forma de ansiedade, depressão ou neurodiversidade". Conclui Inês.

THE FEELINGS TEACHER

A The Fellings Teacher oferece os serviços de Terapia infantil, Clínica familiar, Consultoria familiar, Cursos e palestras para pais e profissionais de educação: Terapia Lego, Abordagem Restaurativa, Apoio a crianças com Autismo, Regulação Emocional. Se você tem interesse em conhecer mais o trabalho da The Feelings Teacher ou agendar algum dos serviços, entre em contato através do e-mail igomes@thefeelingsteacher.org

www.thefeelingsteacher.org

@thefeelingsteacher
@thefeelings_teacher.

MUMPRENEURS

"Ser mãe e empreendedora é ter coragem de transformar desafios em oportunidades"

MUMPRENEURS

Juliana Gomes

Stantesd, 21 de maio de 2014, poucas vezes poderia ter previsto a complexidade dos desafios que encontraria. O que começou como um sonho de uma vida nova rapidamente se transformou em um teste de resistência, com uma série de crises e tribulações que moldaram minha jornada de maneiras inesperadas e profundas. Neste relato, compartilho minha jornada desde os primeiros dias de luta e desespero até as vitórias finais que me levaram a ser reconhecida como uma das melhores terapeutas do mundo.

A Ilusão e a realidade de quando cheguei ao Reino Unido, estava imbuída de uma sensação de otimismo e excitação. No entanto, logo percebi que a realidade da vida em um país estrangeiro era muito mais desafiadora do que eu imaginava. Crises no casamento e a pressão de viver em um ambiente desconhecido começaram a pesar sobre mim, lançando uma sombra sobre meus sonhos iniciais. Minha jornada foi marcada por encontros com pessoas que me desafiaram e me inspiraram, mas também por desencontros dolorosos que testaram minha força e resiliência. Vivenciei momentos de solidão, desespero e isolamento, mas também encontrei apoio inesperado em comunidades e amigos que cruzaram meu caminho.

Com o passar do tempo, aprendi a navegar pelas águas turbulentas da vida no exterior com mais confiança e determinação. Descobri a importância de cultivar a resiliência e a adaptabilidade diante das adversidades. Cada obstáculo se transformou em uma lição valiosa, moldando-me em uma pessoa mais forte e resistente.

Enquanto enfrentava os desafios do dia a dia, também mergulhava nas riquezas culturais e nas maravilhas desse novo país que agora chamava de lar. Cada experiência, desde explorar os belos campos verdes até conhecer as histórias fascinantes de pessoas de todas as origens, contribuía para a minha jornada de autodescoberta e crescimento.

Com a chegada dos meus filhos, minha jornada tomou uma nova dimensão, repleta de experiências emocionais profundas que me desafiaram de maneiras inimagináveis. A alegria indescritível de segurar meus filhos nos braços foi uma bênção que transbordou meu coração de amor e gratidão. No entanto, essa jornada também foi marcada por desafios inesperados e dolorosos.

Experimentei a dor dilacerante de enfrentar abortos, uma experiência que me deixou emocionalmente devastada e me levou ao limite da minha capacidade de resistência. Cada perda foi um golpe avassalador, um ciclone emocional que me deixou desorientada e com o coração partido. Mas mesmo nos momentos mais sombrios, encontrei uma força interior que não sabia que possuía. Foi a Fé que me ajudou a continuar, um raio de luz no meio da tempestade que me lembrou da beleza e da fragilidade da vida.

Ao mesmo tempo, testemunhar o crescimento e desenvolvimento dos meus filhos é uma jornada de descobertas e maravilhas. Cada sorriso, cada abraço, cada palavra falada enche meu coração de alegria e gratidão. É uma jornada de aprendizado constante, onde aprendo todos os dias com meus filhos e o quanto eu percebo que lhes ensinei. E, apesar dos desafios e dificuldades, cada momento compartilhado com eles são uma dádiva preciosa que enriquece minha vida de maneiras incontáveis.
Assim, minha jornada como mãe vem sendo uma montanha-russa de emoções, uma mistura complexa de alegria e tristeza, esperança e desespero. Mas, no final do dia, cada desafio enfrentado, cada lágrima derramada, torna-se uma parte essencial da minha jornada de crescimento e evolução. E sou grata por cada momento, pois eles moldam a pessoa que sou e me lembram da beleza e da fragilidade da vida.

E com isso, as nuvens escuras que uma vez pairavam sobre mim começaram a dissipar-se, revelando os raios de luz e esperança de que sempre estiveram presentes. Encontrei-me em um lugar de maior paz interior e aceitação, onde os desafios não eram mais fonte de medo, mas sim oportunidades para florescer e prosperar.

Diante das adversidades pessoais, divorcio e criar filhos sozinha, encontrei uma nova direção em minha vida profissional. A transição para a carreira de terapeuta não foi fácil, mas foi um caminho que me permitiu reconectar-me com minha paixão e propósito. Descobri uma profunda satisfação em ajudar os outros a superar suas próprias lutas, e encontrei um novo sentido de realização e significado em minha vida.

Enquanto mergulhava mais fundo na jornada como terapeuta, descobri uma fonte renovada de energia e inspiração. Cada pessoa que cruza o meu caminho traz consigo uma história única e uma jornada pessoal, onde eu posso também ver as minhas sombras em cada atendimento, e eu me sinto privilegiada por poder oferecer meu apoio e orientação a essas pessoas. À medida que testemunho as transformações positivas na vida dos meus clientes, sinto-me recompensada de uma maneira que nunca havia experimentado antes.

A transição de carreira foi mais do que uma simples mudança de profissão, foi uma jornada de autodescoberta e crescimento pessoal. Encontrei uma nova voz dentro de mim, uma voz que ecoava com compaixão, empatia e alegria genuína em poder fazer a diferença na vida das pessoas. Cada sessão de terapia é uma oportunidade de aprendizado mútuo, onde eu me encontro tanto como guia quanto como aprendiz, compartilhando sabedoria e experiência enquanto também absorvo as lições e insights valiosos dos meus clientes.

À medida que me entrego ao meu trabalho como terapeuta, descubro uma sensação de propósito mais profunda do que jamais havia conhecido. Cada dia é uma nova oportunidade de servir e contribuir para o bem-estar do próximo, e isso preenche meu coração com uma sensação de gratidão. Encontrei-me verdadeiramente no meu plano divino, navegando nas águas da transformação com confiança, compaixão e dedicação inabaláveis. E assim, a minha jornada como terapeuta continua, sempre em evolução, sempre cheia de possibilidades e promessas de crescimento infinito.

Apesar dos desafios, minha caminhada culminou em um momento de reconhecimento e triunfo. Ser nomeada como a melhor terapeuta pela premiação "Melhor do Brasil no Mundo" foi um testemunho não apenas do meu trabalho árduo e dedicação, mas também da minha capacidade de superar adversidades e emergir ainda mais forte do outro lado.

Minha jornada até aqui tem sido um turbilhão de emoções, repleta de altos e baixos, vitórias e derrotas. No entanto, cada desafio que enfrentei e enfrento estão me moldando na pessoa em quem sou hoje. Encontrei força na adversidade, esperança na escuridão e, acima de tudo hoje, olho para trás com gratidão por todas as experiências que moldaram o meu caminho. Cada revés, cada triunfo, contribuem para o meu crescimento. E, enquanto minha jornada continua, estou mais confiante do que nunca de que, não importa quais desafios o futuro possa trazer, estou preparada para enfrentá-los com coragem, determinação e um coração cheio de esperança.

Juliana Gomes Araujo
Terapeuta Energética

"Mãe empreendedora: força que move montanhas e gerações rumo ao melhor de cada um de nós"

MUMPRENEURS

Raiany Santana

Mãe, sonho e empreendedorismo.

Nem sempre estas 3 coisas andaram de mãos dadas, mas para mim isso era um ideal de vida de alguma forma elas sempre estiveram presentes na minha vida. Eu sempre desejei ser mãe e as dez anos mais ou menos eu já exercia alguma atividade com remuneração por conta própria o artesanato me deu esta oportunidade de trabalhar nova com algo que eu gosto muito trabalhos manuais como confecção de chapéu de crochê e bordados de vestido de noiva.

Sempre fui muito criativa e curiosa quando criança explorei vários esportes, artesanatos e instrumentos musicais tive sucesso em muitas áreas e em outras não mas penso que estar em contato com diversas ocupações fez com que eu tivesse muita opção de escolha profissional na vida adulta e ainda definir o que seria trabalho e o que seria lazer.

Mas posso disso que tudo isso foi o caminho que Deus me fez trilhas para alcançar algo que eu orava sempre que tinha oportunidade, em minhas orações sempre estava presente um pedido muito especial que eu tivesse o possibilidade de ter a minha família, que o meu lar fosse próspero, protegido por Deus e que eu pudesse ter o privilégio de estar em casa cuidando dos meus filhos sem precisar deixa-los por longo período e quando voltasse para casa não me sentisse mal por não ter paciência ou vontade de brincar com eles, o que eu não sabia era que tudo isso aconteceria porque a nossa vida é resultado basicamente do que escolhemos.

Me casei aos 20 anos de idade para ter tempo de aproveitar o casamento sem filhos e estrategicamente ter meus filhos antes dos trinta porque se tem uma coisa que leva tempo é a criar herança, hábitos saudáveis e filhos bem-criados, para termos sucesso com tudo isso precisamos de estudo, disciplina e foco.
Um dos meus objetivos era depois que as crianças estivessem com uma certa idade ter tempo para explorar a área profissional sem "comprometer" as outras áreas da vida, como você pode ver eu nunca tive preocupação com o meu sustento porque sabia que Deus daria ao meu marido o necessário para que ele sustentasse nossa família.

Então graças ao meu bom Deus e as minhas escolhas tudo isso aconteceu para a glória do nome do Senhor, mas não foi exatamente nesta ordem porque quando Deus quer te colocar em um lugar ELE faz isso com ou sem o seu consentimento.

Então o meu conselho é tente viver todos os problemas, processos e sentimentos que a fase que você está passando te proporciona porque a Bíblia diz em Eclesiastes 3: 1-8 " 1-para tudo há uma ocasião certa há um tempo certo para cada propósito debaixo do céu: 2- Tempo de nascer tempo de morrer tempo de plantar e tempo de arrancar o que plantou, 3- tempo de matar e tempo de curar, tempo de derrubar e tempo de construir, 4- tempo de chorar e tempo de rir, tempo de prantear e tempo de dançar, 5- tempo de espalhar pedras e tempo de ajuntá-las, tempo de abraçar tempo de conter 6- tempo de procurar tempo de desistir, tempo de guardar e tempo de jogar for, 7 tempo de rasgar e tempo de costura tempo de calar tempo de falar 8- tempo de amar e tempo de odiar, tempo de lutar e tempo de viver em paz". eu aconselho que você continue lendo, pois, estas palavras podem dar um norte para sua vida e te ajudar na fase em que você está passando, veja se é hora de chorar ou de sorrir reflita e respeite o seu tempo.

Como eu te contei anteriormente casei aos 20 aproveitei tudo o que gostaria de aproveitar sem filhos como restaurantes refinados, passeios, gastos sem planejamento e coisas daquela fase sinto que antes da minha primeira gestação era tudo muito artificial e sem sentido, então eis que finalmente o primogênito estava a caminho e certo dia pensei que em poucos meses teria que mudar de casa, fazer enxoval para mim e para ele, ter compromisso médicos constrangedores mas essenciais e o pior que ficaria sem o meu salário dentro de poucos meses e muitas outras coisas desta fase linda da vida da mulher.

Cada mês era uma mistura de prazer e agonia comecei fazer tudo o que precisava e vi que as coisas poderiam ser um pouco mais desafiadoras que eu havia imaginado.

Em 2013 eu não tinha o hábito de ligar para o a Brasil com frequência e por esse motivo eu não contei para os meus familiares no Brasil que estava grávida incluindo meu pai eu gostaria muito de contar a notícia pra ele já com a confirmação do gênero do bebê, em uma noite tive um sonho que quando acordei sabia que se tratava de um luto que teria que passar o Senhor estava me preparando para quando chegasse a hora eu não fizesse loucura para não colocar a minha vida e a vida do meu filho em risco, então pouco tempo depois em uma madrugada recebo a ligação do meu irmão ligando para o meu marido e meu marido no banheiro falando e sem reação como o número era de Portugal pensei que fosse algo coma minha mãe e comecei a ficar nervosa até que ele mesmo sem condições teve que me dizer que meu pai tinha sofrido um acidente foi pra casa e depois precisou voltar para o centro cirúrgico e não resistiu.

Infelizmente eu não tive tempo para transmitir a notícia que ele seria avô de um menino chamado Pedro o seu primeiro neto, que nasceu dia cinco de março um dia antes do aniversário do avô que era dia 06 de março com as características e gostos similares. Então sofri o luto pois era tempo de chorar e o que me sustentava era meu filho no ventre o sonho que eu tive fez com que eu entendesse que não era o momento de viajar e nem reviver coisa do passado e sim para me fortalecer para o futuro. Aos poucos eu ficava cada dia 1% melhor para que o meu filho não sofresse o dano daquele luto e então tive uma surpresa eu perdia sempre peso enquanto o desenvolvimento do bebê estava perfeito e eu pensei que por mais que eu como mãe não tenha força nosso filhos sempre terão algo para usar em seu benefício pois eles são com os frutos de uma árvore e essa árvore fornece tudo o que o fruto precisa para se desenvolver e posso dizer que Deus cuidou de mim todos os dias.

E foi nesta primeira gestação que eu entrei no mundo da decoração eu estava procurando uma decoração muito especial para receber meu amigo para o chá de bebê do Pedro que fosse intimista e aconchegante e para minha tristeza não encontrei ninguém para me fornecer pois o estilo das decorações era diferente, naquela época todas as decoradoras seguiam o mesmo estilo de decoração e tipo de material.

Foi então que resolvi colocar a mão na massa e trazer a realidade o que estava no meu cabeção. Como minha gestação estava indo bem e eu tinha amigas incríveis falei com elas e cada uma ficou responsável por uma parte para que eu ficasse por conta da decoração só para lembrar que em 2013 não encontramos itens de festa ou de decoração fácil e nem com preço acessível como hoje. Eis que o grande dia chegou e deu tudo certo o resultado foi melhor que eu esperava pois eu peguei a casa de uma amiga emprestada a mesma que cuidou de mim durante o luto do meu pai e isso foi muito importante o mesmo ambiente que me acolheu na tristeza serviu no dia da alegria e lá eu tive o fundo da decoração uma parede de vidro com o jardim servido de painel, uma outra pessoa foi no jardim pegou folhagens e deixou os arranjos florais ainda mais bonito, foi o meu chá de bebê dos sonhos e fiquei surpresa como pequenos atos mexem com nossos momentos e viram memórias, ver toda esta coloração mexeu comigo pois estamos em um país frio, distantes de quem nos conhece dês de criança.

Esta decoração foi a primeira que eu vi que as pessoas queriam tirar fotos lá também estava tão bonita que acabou funcionando como um tipo de banner foi muito bom mesmo.

Então a vida teve que seguir seu curso a gestação foi maravilhosa depois do chá de bebê decorei o quartinho dele e depois do parto todos os meses eu montava um cenário para fotografar e registrar os rostinhos dele durante o primeiro ano.

Também comecei decorar as festas de casa de amigos isso acabou virando uma ocupação lembrando que a minha prioridade era ficar com meu pequeno tempo integral.

Deus foi tão bom comigo que o Pedro foi um bebê perfeito sempre tivemos uma rotina tranquila pois vi que se eu conseguisse seguir uma rotina ele iria me dar menos trabalho, ele foi um bebê que sempre dormiu a noite toda o que me ajudou muito passar por todas fazes do pós-parto até o primeiro ano de idade.

Como eu amei fazer o chá de bebê eu inventei de a festa dele para

120 pessoas com tudo que tinha direito verdadeiramente me sinto muito corajosa até hoje por ter tido essa coragem pois tudo poderia ter dado errado, mas já te adianto que deu tudo certo. Vou começar contar da parte do planejamento mesmo sem experiência em eventos ou em recepção coloquei na minha cabeça que seria divertido e gostoso pois nesta festa eram estas coisas que eu gostaria priorizar.

Decidi novamente pedir meus parentes para fazer a comida, contratei o bolo que me entregou no local da festa, minha mãe estava no Brasil e me trouxe muitos doces deliciosos diretos do Brasil e claro trouxe também algumas peças para eu decorar a mesa do bolo.

Toda esta parte pronta e paga parti para as lembrancinhas que foram feitas pouco a pouco porque até isso decidi fazer sozinha, painel, balões e as nossas roupas quando parecia que acabava lembrava de algo como mesa dos convidados, centro de mesa, convite e na logística para transportar e montar tudo isso com um bebê de 1 ano de idade. Eis que o dia chegou eu estava super emotiva muito grata pela participação de todos e porque tudo estava dando certo mas esqueci algo importante o tempo de montagem faltava gente para me ajudar carregar as coisas, encher os bolões e fazer a limpeza final dos resíduos da decoração, eu não tinha ideia do trabalho e da organização por trás daquela festa mas graças a Deus e a ajuda de todos deu tudo certo ficou lindo e eu amo essa decoração até hoje principalmente pelo apego emocional que ela me traz, saber que eu não estava sozinha, saber que Deus me deu os recursos financeiros, saber que meus amigos e familiares estavam empenhados na minha loucura e além de trabalhar ainda celebraram com alegria aqueles momentos conosco.

O tempo foi passando e 6 meses depois eu já comecei planejar a festa de 2 anos para minha alegria e desespero de todos incluindo do meu marido que queria algo menor, mas este mundo das festas já tinha me encantado então mesmo que eu decidisse por algo pequeno eu sempre exagerava.

Ao saber que eu não teria muita ajuda de pessoas por desencontro de agendas eu não fiz a decoração então eu decidi contratar este serviço, encontrei uma pessoa que entregou um projeto de painel, mobília e balões que hoje eu chamo de estrutura da festa.

Os itens consumíveis da festa foi por fora, todos feitos por mim, neste momento eu arrumei um trabalho de limpeza quinzenal só para poder fazer a festa dele de dois anos. Quando eu ia trabalhar meu bebê ficava na casa da minha melhor amiga uma pessoa que Deus colocou na minha vida no momento certo.

Pois bem orçamento definido, tema escolhido, as lembrancinhas, convite, lista de convidados, lista de comprar e toda preparação foi feita por mim. A data finalmente chegou e eu já tinha preparado tudo a moça montou a estrutura e eu fui montando a mesa com calma e foi muito bom e enquanto eu montava eu sentia uma satisfação muito grande não sei nem como explicar. Nesta festa eu acabei definindo o segundo traço da identidade do meu trabalho que é basicamente usar um painel simples e a decoração da mesa do bolo bem atrativa porque cada itens pode contar uma história aliás cada decoração deve contar uma história.

No aniversário de 3 anos eu escolhi fazer uma reunião familiar intimista e o destaque foi utilizar elementos de alto padrão de beleza e sabor foi quando eu conheci a confeitaria dos meus sonhos um trabalho perfeito em sabor e estética o que trás mais personalidade para decoração. As roupinhas personalizadas de toda família e por ter feito esta escolha ele teve mais liberdade para brincar.

Deste dia em diante meus olhos sempre olhava para um objeto e via potencial em tudo um prato, um copo, uma flor, papel de seda e embalagens no geral. Gostaria de relembrar que eu cuidava do Pedro tempo integral e era responsável pela alimentação, saúde, lazer, limpeza da casa e roupa. O meu marido sempre trabalhou muitas horas por dia, mas nada disso nunca foi desculpa para que eu ficasse horas jogada no sofá reclamando disso ou daquilo, quando estava muito cansada das coisas do cotidiano eu me permitia fazer alguma atividade manual. Afinal quando era criança e adolescente estava sempre envolvida com atividades manuais ou físicas como pintura em tecido, crochê, violão, futebol, voleibol e tênis isto na vida adulta virou um tipo de terapia, lazer e até mesmo válvula de escape das obrigações da vida cotidiana.

Muitas vezes em momentos de dificuldade em ouvia um louvor ou tocava um louvor, fazia uma oração para acalmar a minha mente e o meu espírito e depois disso sempre me sentia mais seguras para tomar uma decisão ou me sentir melhor, afinal eu tinha apenas vinte e quatro anos de idade e o sonho de cuidar bem da minha família. Você pode ver que tive um salto gigantesco na minha transição de jovens senhora para mães de família justamente porque eu decidi viver cada fase no seu tempo e não fui resistente as mudanças aliás eu ficava muito feliz quando eu me permitia viver cada momento. Se o momento fosse triste eu não ficava muito tempo neste lugar, se fosse alegre eu aproveitava o máximo registrava tudo, se fossem tempo de trabalho eu trabalhava com foco para aprender o máximo e finalmente poder encerrar aquele ciclo, meu concelho é se você está confusa ou na dúvida pergunte a Deus ou ao universo o que você precisa aprender ou largar para resolver o seu problema e passar para próxima fase certamente você encontrará uma resposta.

Novamente vou citar um trecho da Bíblia sagrada Mateus 6:34 "portanto, não se preocupem com o amanhã, pois o amanhã trará suas próprias preocupações, basta cada dia seu próprio mal ou seu próprio problema". Eu escolhi ter a palavra de Deus como guia e isso me ajuda viver com mais fé e segurança na vida. Quando meu filho Pedro fez 3 anos eu já estava grávida do Eduardo meu segundo filho e esta gestação foi um pouco mais desagradável, tive bastante mal estar, muitas dores nas costas, dor de dente dor de cabeça e sentindo tudo isso junto com os hormônios da gestação fiquei muito impaciente até mesmos intolerante e por este motivo eu decidi fazer algo simples no chá revelação e no chá de bebê dele, toda minha energia foi para servir bem meus convidados e ficar de boa na festa foi uma decoração chamada hoje de minimalista, mais uma vez o universo me dando a oportunidade de experimentar outros modelos e estruturas de festa.

Mesmo não me sentindo tão bem eu desejo fazer tudo o que eu havia feito para meu primeiro filho. A festa ou decoração minimalista não é necessariamente pequena ou incompleta ela é menos elaborada na decoração e no cardápio, mas em contrapartida e é um tipo de decoração e cardápio charmoso, aconchegante e rica em detalhes pontuais.

E para minha surpresa eu amei fazer este estilo e vi que cada momento da vida pede um tipo de decoração e quando atendo uma cliente específica eu identifico rapidamente o que ela deseja com aquela comemoração de acordo com o seu perfil ou momento da sua vida.

Festas devidamente comemoradas novamente com amigos e familiares que estão presentes na nossa vida, quartinho devidamente organizado e decorado com muito amor no mesmo estilo do chá de bebê agora era só esperar o Eduardo nascer e foi a experiência mais linda que eu já vivi, vou compartilhar com você.

Uma certa manhã eu com 38 semanas acordei com uma cólica fininha e em duas horas evoluiu para contrações de parto.
Como vivemos em uma país frio e distante de todos antes de ter sinal de que meu filho nasceria naquele dia eu entrei em contato com a minha amiga que sempre está comigo em todas as horas e nesta não poderia ser diferente, ela sempre foi apaixonada com crianças especialmente com o Pedro e a chegada do Eduardo deixou ela muito eufórica. O plano era que ela ficasse com o Pedro caso eu precisasse ficar no hospital, a minha mãe e o meu marido ficariam no hospital comigo.

Mas para surpresa de todos inclusive a minha os meus filhos nasceram no conforto da nossa casa, calma que vou contar melhor. No momento que eu senti as contrações aumentando fui tomar banho e resolvi ficar na banheira para o Pedro não me ver naquelas condições e aproveitei para relaxar um pouco.

Enquanto isso minha mãe o preparou e para ir para escolinha e assim que meu marido voltasse para casa eu iria para o hospital. Mas Deus tinha um propósito lindo para cumprir com aquele nascimento que eu só entendi depois do nascimento do Bernardo o meu terceiro, mas voltando para o assunto eu resolvi sair da banheira um pouco antes pra poder me vestir e no momento que eu levantei eu senti que o bebê estava pronto para nascer e que não teria tempo de chegar ao hospital rapidamente falei para minha mãe pedir ao meu marido para ligar para emergência porque não sabia o que fazer.

Foi então que a minha mãe deu o recado ele estava no telefone a minha mãe no meio do corredor quando eu senti a última contratação ela veio correndo e pegou o Eduardo na água foi tudo muito rápido e emocionante, meu marido estava no telefone e disse o menino nasceu, o menino nasceu em casa e logo apareceu uma equipe maravilhosa para me atender em casa.

Após o atendimento estava tudo ótimo e tivemos liberação para ficamos em casa com acompanhamento em domicílio, essa experiência me ensinou que tudo o que temos para viver viveremos, nada nas nossas vidas acontece se não for permissão do Senhor.

Deus me permitiu ter esse parto para me provar mais uma vez que ELE faz milagres por amor da minha e da sua vida e como nada é por acaso este parto salvou a minha vida e a vida do irmão dele. Sou muito grata porque o lugar mais simples com Deus se tomar o melhor lugar para estar.

Após este nascimento lindo e memorável as noites e semanas

seguintes foram passando e para o meu desespero ele não era um bebê tão tranquilo como o irmão pelo menos não durante a noite, mau conseguimos dormir 4 horas seguidas entre leite, fralda e choro passamos juntos dia e noite. Ele sentia muito frio e por isso eu dormi um tempo na sala com ele achando que podia melhorar e não melhorou. Eu não conseguia entender como era possível ele ser tão diferente do irmão, mas nem isso me desanimou pelo contrário me fez mais forte e resistente.

Vivi cada dia daquela fase não tive cabeça para festa e comemoração em 2017 todas minhas energias eram para ao meu lar e para os meus filhos.

Mesmo dormindo pouco resolvi fazer a festa de um ano, mas como eu não tinha muito tempo nem dinheiro porque quando ele tinha 7 meses de vida fomos ao Brasil para conhecer nossos parentes e apresentar os meninos as famílias também. O meu marido tinha falado que não daria para fazer uma festa grande devido aos gastos da viagem, mas meu coração já estava queimando pra fazer a festa, ouvir o ponto dele e fiquei na minha porque existe tempo para todas as coisas e aquele momento era para curtir a viagem, pois bem viajamos aproveitamos bastante eu comprei algumas peças e doces pra montar uma mesinha em casa mesmo porque o importante é celebrar, mas Deus tinha algo especial para mim.

Em uma bela tarde em um almoço de família uma pessoa muito querida me ensinou um pão caseiro para eu fazer aqui em Londres eu fiquei toda feliz porque eu fiz a receita do pão e deu certo, dei para alguns amigos experimentarem e foi um sucesso.

Todo final de semana eu tinha uma renda extra dos pães caseiros e esse dinheiro foi usado para reinvestir em mais pães e fazer a festa de ano do Eduardo com tudo que tinha direito. Fiz todo planejamento em poucos meses deleguei tarefas, contratei serviços e montei a decoração o que deu errado foi um *check list* de material que eu não fiz e com dois filhos eu acabei esquecendo a toalha da mesa mais logo eu tive uma outra ideia e no final deu tudo certo.

Como você pode ler acima esta nova festas me proporcionou ter outras experiências que agregaram valor nas decorações seguintes como geração de receitas ou extra sem precisar sair do orçamento familiar e pensar de forma detalhada, porém simples e criativa o jogo de cintura do empreendedor.

A decoração ficou muito atraente aos olhos, deliciosa ao paladar e memorável, ver todos elogiando, curtindo e perguntando quem fez, falando que queriam contratar meus serviços que foi aí que caiu a minha ficha e eu percebi um trabalho remunerado em potencial.

E foi a partir desta data que eu decidi fazer isso profissionalmente eu pensei em vários pontos como eu serei minha chefe, vou marcar quando eu quiser e puder no caso de férias escolares e outras datas comemorativas enfim eu teria o controle total da minha agenda e do meu tempo.

Esso que me chamou atenção no empreendedorismo a liberdade de fazer o que ama quando quer e se quiser, mas naquele momento eu só tinha as minhas próprias expectativas e experiências e estilo de decoração e foi o suficiente para ter algumas clientes. No início fui cobrando barato porque eu não me sentia uma autoridade na profissão em cada decoração eu investia um pouco e sabia que poderia vender outras festas e assim foi.

Eis que a pandemia chega!!!

O que foi aquilo? Eu não fiquei desesperada porque eu sei que na minha vida só acontece o que realmente tem que acontecer.
E graças a Deus houve uma explosão de cursos on-line e eu aproveitei o tempo em casa para investir em conhecimento para quando tudo aquilo passasse eu pudesse me posicionar melhor no mercado.

Como a pandemia durou mais tempo que gostaríamos eu acabei fazendo vários cursos de decoração, administração e precificação, mesa posta, arranjo florais com flores naturais e permanentes e isso mudou o rumo dos meus negócios. Eu já me via como uma decoradora e trabalhava como uma a prova disso pra mim aconteceu quando antes mesmo do final da pandemia meu faturamento já tinha dobrado porque eu consegui otimizar meu material, minha entrega, montar pacotes e serviços mais personalizado e mais lucrativos, decidi vender as forminhas para doce e isso foi muito bom pra minha empresa. O tempo passou o Eduardo já estava com quase três anos de idade e parecia que eu só teria meus dois filhos e a partir daquele momento daria mais atenção a vida profissional, foi quando eu lembrei de uma palavra que me disseram "havia espaço para mais um" e meu coração se encheu de desejo de ter outro bebê em casa por mais desafiador que o Eduardo foi no início, aliás vou a te contar que com um ano e dois meses eles mudou completamente outro bebê e pior mais incertezas que a pandemia trouxe eu tinha certeza que queria outro filho.

Então depois que o Espírito Santo me lembro que o foco era a família e depois o trabalho eu comecei a pensar muito nos prós e compras no meu ponto de vista sempre vale a pena ter um filho a mais.

A bíblia nos diz em Salmos 127:3 "Os filhos são herança do Senhor, e os frutos do ventre, uma recompensa".

No final da pandemia fomos abençoados para ser os pais de mais um menino o Bernardo este nome quer dizer "forte como o urso" simboliza força e destreza, eu me apaixonei por esse nome e sabia que esta criança representaria isso e sempre que eu olhasse para ele eu pensaria seja forte Raiany você já passa por coisa pior e isso mexeu comigo na época.

Não fizemos chá revelação porque além de ser fim de pandemia eu suspeitei que seria outro menino porque esse sempre foi meu sonho e meu marido sempre quis uma menina então para evitar constrangimento descobrimos e contamos as pessoas por videochamadas.

Durante a gestação dele eu tive suspeita de diabetes gestacional e infecções de urina de repetição, mas nem isso tirou o brilho de Deus de nós porque eu não seu você mais eu amo estar grávida amo viver este privilégio de poder gerar uma vida. Como você deve se recordar meu segundo filho nasceu super-rápido em parto domiciliar sem problema nenhum e por isso estávamos planejando um parto em casa novamente por se tratar da pandemia, mas para nossa surpresa o Bernardo foi exatamente o contrário.

No final da gestação eu peguei COVID 19, estava sem sintomas só fiquei sabendo por que para ir à consulta eu precisava ter o teste negativo então eu fiz o teste e recebi o positivo mais triste da vida.

Fiz a consulta on-line e comecei o isolamento parcial porque as crianças não conseguiram ficar longe de mim foi uma situação inesperada aqui em casa, mas escolhemos confiar em Deus novamente deixar ELE cuidar de nós e vou adiantar que ele cuidou dos mínimos detalhes. Uma noite eu comecei passar mal uma febre muito alta, vômito não parava nada no meu estômago, chamamos a emergência e logo nos atenderam, fui medicada, monitorada e dormi, quando acordei estava com um sangramento leve. Tomei banho chamei meu marido e fomos para o hospital bem cedinho mesmo sem poder porque não tinha consulta marcada, achei que seria só um ultrassom, mas depois que entrei não sai mais naquele dia.

Fui para sala de atendimento fizeram o exame e foi horrível, a princípio faltaria muito para o parto só que depois do exame eu senti uma dor terrível muito estranha o médico olho para o monitor e disse para me prepara para cirurgia na hora que eu recebi esta notícia eu só chorava de medo porque eu tinha pânico de parto cesariana.

Foi quando eu resolvi falar muito orgulhosa que o meu último filho havia nascido muito rápido e em casa, ele então olhou para equipe e disse prepara ela agora para sala de cirurgia. Só deu tempo do meu marido entrar na sala por a roupa e nos acompanhar. Eu nunca senti tanto medo na vida como naquele dia porque eu sabia que estava acontecendo algo que não era normal. Não tive tempo de me despedir de ninguém, o último abraço, o último beijo o último eu te amo ou cuide do seu irmão... muitas coisas passaram pelo a meu coração e pela minha cabeça. Mas me concentrei naquele momento por pior que fosse.

O anestesista foi perfeito e me acalmou muito a cirurgia começou e foi um sucesso glória Deus, como eu estava de jejum não tive nenhum tipo de reação alérgica pós cirurgia, quando fiquei um pouco melhor liguei para os meninos para apresentar o bebê Bernardo forte como urso a falar que a mamãe está se recuperando bem. Horas depois tive que lidar com a febre por conta do COVID 19, enjoos por conta dos remédios, soro por conta da desidratação e bolsas de sangue por conta de uma hemorragia que me custou uma anemia grave e a queda de metade do meu cabelo. Foram momentos bem fortes e toda vez que eu olhava para aqueles meninos enxergava Deus cuidando de nós. Deus me livro da morte, deu vida ao meu filho e me fortaleceu para que você hoje pudesse ter a certeza de que mesmo em um mundo caótico se vocês o deixarem cuidar da sua vida Ele vai te levar nos braços e te colocar onde você deve estar para salvação de vidas e isso começa na sua família seja forte e corajosa.

E tudo isso que eu passei me levou para outro patamar de entendimento, amor, entrega, superação, confiança, companheirismo, família, serviço, planejamento, conhecimento entre outros eu comecei a cuidar de melhor do meu futuro porque eu me via com três crianças pequenas e pouquíssimos recursos.

Então comecei a pensar a longo prazo na vida e na empresa o que acabou alavancando meu negócio. Está sendo incrível como a minha vida tem dado um salto enorme em maturidade, conhecimento E experiências. O Bernardo me lembra todos os dias que a graças de Deus nos basta o Eduardo salvou a vida do Bernardo antes mesmo dele nascer e o Pedro que ensinou a ser mãe. Neste livro quis te contar algumas partes da minha história como a maternidade me permitiu escolher a profissional que deveria ser coerente com o estilo da função da mãe e não somente escolhe uma profissão por conta do salário ou o prestígio que está profissão te proporciona, eu escolhi o que seria bom dentro do meu contexto familiar. Eu senti que à família estava completa e pensei o que eu consegui fazer durante todos estes anos mesmo cansada, desanimada, sem dinheiro ou de forma repetitiva que não fosse chato como cozinhar e limpar?

E rapidamente encontrei a resposta decoração de festa e isso ainda me deu uma grande vantagem que foi poder estar trabalhando perto dos meus filhos "nas horas vagas" e de poder sempre levar eles comigo, ou seja, nunca precisamos deixar meus filhos com outras pessoas por longas horas e isso importa muito para mim até hoje.

Decidido o que gostaria de fazer profissionalmente e meus filhos me influenciaram 100% se eu não tivesse tido eles talvez eu não teria chegado até aqui e nem vivido metade do que eu vivi até hoje aos trinta e três anos de idade me sinto muito feliz em poder ter tempo para criar meus três filhos e ainda ver meu negócio crescer junto com eles.

Tudo isso que relatei à cima fala sobre uma Raiany que aprendeu com os próprios erros e acertos, como qualquer outra pessoa. Eu gostaria de ter começado agora, mas Deus fez com que eu tivesse contato com a profissão e isso foi o suficiente para eu ter experiência para estar onde estou hoje.
Mas o que fez toda diferença foi sem dúvida ter Deus direcionado meus dias, decisões e escolhas, ter poucos e bons amigos e familiares que sempre estavam por perto nem que fosse para ouvir uma ideia malucas.

Tempo de chorar, tempo de sorrir.
Tempo de plantar, tempo de colher.

O Empreendimento sempre esteve presente na minha vida quando eu produzia chapéu artesanal com a minha tia e vendia no final de semana está foi a minha primeira experiência com este tema e ao crescer vi que me encaixava neste modelo de negócio. Eu amo ser dona do meu próprio negócio eu tenho liberdade de gerar a receita ideia pra mim sem um teto limite de ganho, e ainda gerir meu tempo conforme as demandas da minha agenda familiar e ainda poder gerar valor par meus clientes.

Empreender na Europa

Nesta parte eu gostaria de acrescentar algo muito importante sobre minha agora que você já teve a oportunidade de conhecer como eu lido com as minhas dificuldades e sonhos.
Morar fora do Brasil nunca foi uma opção minha porque eu sempre tive consciência que em todos os lugares do mundo existe prós e contras o que realmente importa é se este local combina com seu estilo de vida e valores. Porque toda a minha esperança e segurança está no Senhor ele sim tem poder para fazer o que nem homem faz. Vou te contar como vim parar na Europa e porque eu permaneço aqui, a minha mãe foi para Portugal e voltou três anos depois para levar eu e minha irmã mais nova para ir morar com ela, com dezenove anos eu conheci meu marido e com vinte anos me casei, com seis meses de casado ele decidiu mudar para Inglaterra.

Acredito que só permanece neste lugar por dois motivos logo nos mudados para Londres e porque não aceitei viver como imigrante no interior com uma vida regrada e com pouco desfrute.

Para mim a vida acontece hoje porque às vezes pensamos só no futuro para ter uma casa confortável, um carro legal, comer em um bom restaurante ou se vestir como deseja é claro que tudo isso as custas do próprio trabalho. Então depois de vir para Londres tive uma vida equivalente ao estilo de vida que eu teria se estivesse morando em qualquer lugar do mundo.

Confesso que ser imigrante, mãe e empreendedora não é fácil saber em quem confiar, ultrapassar as dificuldades do idioma, do clima, da cultura, entre outras coisas. Eu estava comprometida viver com leveza e com a consciência que este lugar não iria corromper meus valores, crenças e personalidade. Outra coisa que sempre falou ao meu coração o meu marido é muito apegado a memórias, mas eu nunca se preocupei em como criar estas memórias pois isto é algum extremamente manipulado e eu sou mais do tipo que vive o momento e guardo no meu coração para relembrar e sentir aqueles sentimentos sempre.

Então ele nunca fez questão de festa principalmente de aniversário, mas eu sempre incentivei o que levou até os dias atuais onde nosso filho mais velho tem dez anos e amamos ver as fotografias dele em cada idade ver tudo o que eu já fiz com as minhas próprias mãos ver que marido estava uns quilinhos mais magro e ainda pode acrescentar a este momento encantamento sentimento como alegria e sensação é sempre surreal ter estes momentos em família. E graças a Deus a minha empresa é hoje focada nestes momentos e memórias porque quando tudo acaba e todos vão para suas casas fazermos questão que o coração de cada um tenha ótimas recordações de sabor, beleza, sentimentos e boas memórias.
Não falamos só de flores ou móveis falamos e valorizamos a importância de cada pessoa aí naquele ambiente.
E se eu não houvesse saído do Brasil escolhido viver a maternidade e passado por tudo isso que nunca teria aprendido em lugar nenhum.

A minha empresa Raiany Santana Decor é quem sou eu e como eu vejo o mundo e este é o nosso diferencial, e este é um dos motivos para eu não ter colocado um nome qualquer pois significa Raiany a fundadora Santana o sobrenome do meu marido que sempre esteve ao meu lado e que me proporcionou viver tudo isso pois eu sei que muitas mulheres não tem o apoio do seu maridos ou até mesmo ficaram sem maridos depois que os filhos chegaram, e por isso gostaria de agradecer ao pai dos meus filhos que além de dar meus três meninos ainda trabalhar comigo no final de semana. E Decor para identificar que fornecemos a decoração do ambiente os restantes dos itens podem ser contratados com outros fornecedores.

Hoje me sinto honrada em poder compartilhar com você a minha experiência de vida e como eu encontrei forças para continuar mesmo em meio ao luto e ao medo e espero sinceramente que isso seja uma injeção de alívio e ânimo para você. Alívio para você deixar tudo o que não depende de você ir embora e ânimo para enfrentar de peito aberto o que só depende de você para acontecer. Lembre-se se ame em primeiro lugar se não a vida vai te derrotar.

Não confunda isso com egoísmo que é amor exagerado aos seu próprios a Bíblia também condena isso quando de forma excessiva buscamos a realização dos nossos próprios desejos sem considerar os a vá date de Deus ou dos outros.
Amor-próprio segundo o dicionário significa "sentimento de dignidade, estima ou respeito que cada qual tem por si mesmo. Quando lei isso lembro de um mandamento bíblico amai a Deus acima de todas as coisas e ao teu próximo como a ti mesmo que está em Mateus 22 37 - 39 vale a pena ler. Isso me ensinou que seu tem não tivesse amor por mim mesmo eu não teria medida para amar ao próximo e me colocar no lugar podendo até desenvolver o egoísmo dentro do contexto familiar e destruir a minha família.

Então mesmo que minha agendo esteja livre ou que eu só tenho que buscar meus filhos na escolinha eu sempre estou me amando em primeiro lugar com a pele limpa, dentes limpos, um perfume gostoso e uma roupa confortável tudo isso faz com que eu me sinta amada primeiro por mim e depois pelos meus filhos e marido e faz com que este seja um padrão natural para nossa família.

Arrumar a cama ao acordar é simples, mas um até de disciplina perfeito para aumentar o padrão da nossa casa mantes a cama arrumada nos incentiva manter o sofá arrumado e várias outras coisinhas que nós nove quando desafios maiores chegar, nosso cérebro vai saber lidar com as coisas pois já vai ter conhecimento do poder da disciplina.

Então cuide de você, do seu corpo da sua mente da sua espiritualidade, das suas competências segundo aquilo que você deseja alcançar na sua vida se livre das distrações que só tomam o seu tempo e que não vão acrescentar nada na sua vida, tire aproveito de tudo o que você foi obrigado a participar sempre podemos aprender algo com as experiências dos outro e por último seja grata.

Quando você de alguma forma consegue entender o porquê está passando por um ciclo e se permiti aprender algo com aqui fica mais fácil exercer a gratidão vou explicar melhor imagina a vida a sua vida, a vida dos seus filhos, dos seus pais os alimentos que estão na sua casa, o sol e a lua que trabalham com perfeição sem precisar de você. Tudo isso que nós recebemos de graça, sem esforço ser grata é reconhecer e valorizar todas as dádivas recebidas então seja grato a Deus pelo que eu te oferecer porque o sol nasce para todos, seja grato ao seu marido quando ele te agradar de alguma forma, seja grato aos seus filhos pelo simples fato deles estarem com você.

Com isso gostaria de relatar algo durante a gravidez eu falava muito " está tudo bem graças a Deus", porque eu tinha consciência de que tudo o que eu tinha e o que acontecia era graças a ELE, mas quando meu filho nasceu eu olhei para aquele ser vivo que tinha sido formado no meu ventre e agora estava nos meus braços tinha dias que eu olhava para aquele bebê e ao agradecer, ao ser grata eu conseguia sentir a gratidão e ao sentir a gratidão eu sentia que amava ainda mais aquele bebê, com o passar dos anos teve curiosidade sobre as leis do universo e através destas leis podemos entender muitas coisas pois na minha cabeça se Deus criou todo universo perfeitamente e os humanos depois seria justamente para que pudéssemos ser guiados peles "leis universais" para termos performances e governar sobre a nossas dificuldades.

Agora vou relatar ao que sou muito grata e ao que me trás muito alegria e quando você terminar de ler esta parte te convido fazer o mesmo e colocar em um lugar onde você pode ler com frequência e sentir isso sempre para receber sempre mais de Deus e do universo. Sou muito grata pela meus saúde. Sou muito grata pela fé firme, fundamento do que não se vê, mas se espera. Por isso posso ter esperança. Sou muito grata por sempre poder aprender algo novo.

A minha história não seria a mesma sem as pessoas maravilhosas na minha vida e esta última página eu decidir mencionar as pessoas que fizerem parte desta história.
Muito obrigada porque vocês que entram na minha vida no tempo certo e permaneceram para sempre no meu coração.
Vamos começar pelo Júnior Santana pai das crianças me motorista. Regina Bento minha mãe que sempre esteve comigo em todos pós-parto e festas de aniversário, a toda família Amaral, mas em especialmente Adriane Amaral que sempre foi amiga leal e se tornou uma mãe. Arlete Amaral uma amiga verdadeira que com o tempo virou irmã. Susie Dias a mulher que me mostrou que um bolo pode ser gostoso e lindo. Elizabeth Camilo uma mulher valorosa amiga e que me apoiou apoio durante o luto e me emprestou a casa para o chá de bebê. Douglas Bento meus irmão que está sempre pronto a servir e quem sempre ficou responsável pela comida das festas. Ruama minha cunhada que sempre me ajudou com os balões e agora me ajuda com as lembranças e para ele isso se tornou também a escolha profissional dela.

Espero que ao terminar de lê este livro você consiga encontrar as respostas que você precisa para prosseguir como mãe, como empreendedora ou como imigrante seja como for que a cada dia você revele a sua melhor versão em cada área da sua vida. Um abraço apertado da Raiany Santana mãe e empreendedora na Inglaterra. Fiquem com Deus.

MUMPRENEURS

"Empreender é transformar amor em trabalho e sonhos em realidade"

Querida, Bibi

Obrigada pelo suporte e carinho conosco.

Shirley Halsand
22/11/24

Shirley Halgand

Artista plástica, autora, escritora, fundadora e diretora do projeto Fun Art Kids-UK. Nascida em Salvador, Bahia, Brasil, e residente em Londres desde 2001. Mãe de Thierry e Kenzo, que são seu maior orgulho. Kenzo tem 11 anos e é artista plástico, escritor e DJ. Tem como fundamento fazer exibições mirins para estimular o mundo infantil divertido e criativo que cada criança tem dentro de si.

As artes plásticas feitas pelas crianças têm algo especial que me encanta e fascina. Cada cor, rabisco ou finalização da arte deles é algo diferente que não se explica. Só podemos sentir e apreciar. Esses pequenos artistas não só dominam nas artes plásticas, mas também na literatura. Eles vieram com tudo! Amo tanto falar do meu projeto, porque na arte mirim é onde descobrimos a inocência e a essência de uma criança. A fração das crianças pintarem mostra de onde elas vieram e para onde querem ir em seu mundo imaginário.

Aos 17 anos, descobri as artes plásticas como fonte terapêutica, acalentando uma realidade de abandono e solidão. A arte foi meu escape, que veio para amenizar as dores da ausência do meu pai, que eu havia perdido quando tinha 12 anos de idade. Toda essa infância disfuncional e muito turbulenta me levou a anos de depressão, ansiedade e até ataques de pânico. Essa historinha triste vocês só saberão nos próximos capítulos da minha autobiografia, que está em fase de progresso e será lançada ano que vem.

Eu já chorei demais pelo meu passado e pela infância triste que tive. Aliás, pela infância que não tive. Mas agora é hora de sorrir e aproveitar as oportunidades que a vida está me dando e nunca esquecer de quem sempre esteve do meu lado e nunca me desamparou nos momentos difíceis da minha vida. Meu Deus, obrigado por tudo que tenho, e não estou falando de coisas materiais, mas sim de amor e resiliência. Força, coragem, gratidão e persistência. Tudo isso faz parte da minha luta na vida. Mas desistir nunca foi uma opção. Cada lágrima derramada me deixou muito mais forte. Como diz a música: "O que não te mata te deixa mais forte."

Sou uma pessoa super hiperativa, e assim me sinto bem. Estar com a mente ocupada é fundamental no mundo em que vivemos. Hoje em dia, estamos na era da tecnologia, que também é outro fator que nos deixa ainda mais ansiosos. É normal, faz parte da vida todo esse corre-corre. Meu dia começa com um banho e um belo café, depois vou trabalhar e, nos meus dias livres, treino boxe, leio, escrevo e patino quando posso. Entre um dia e outro, tento fazer minhas pinturas em casa e colocar minha arte em dia. Nos finais de semana, eu tenho que me dividir em 10. Toda semana tem eventos, exibições, palestras, feiras de artes e livros etc. Já participei de corrida contra o câncer e outra de luta no ringue para suportar famílias que perderam seus entes queridos ao suicídio. Lutar no ringue foi uma das melhores experiências que eu já tive em toda a minha vida. É uma sensação única estar dentro do ringue.

Eu suporto a saúde mental porque consigo entender a dor de quem sofre com isso, pois eu já estive nesse processo. Agora estou muito melhor, mas no passado passei por um momento de isolamento total. Hoje quero ajudar quem precisa de um impulso para se recuperar, se erguer, se levantar e não olhar para trás. Esses momentos difíceis passam, ou melhor dizendo, acalmam o seu coração. Um conselho: procure exercitar a sua mente e faça coisas que te fazem feliz. Qualquer coisa que te ponha um sorriso no rosto. As pessoas ainda têm vergonha de falar ou admitir que estão doentes mentalmente, mas não adianta. Basta olhar nos olhos delas e você pode ver isso expresso no rosto de cada uma. Estamos passando por momentos muito difíceis nestes últimos anos, desde o lockdown que as coisas pioraram. Estamos só tentando sobreviver. E é por isso que amo viajar. A única coisa que levamos deste mundo são as memórias e a sabedoria. O resto fica tudo aí pro cupim comer.

Muita gente falou que iria mudar. As coisas mudaram para pior. Só chamando por Deus. E por isso que me identifico com minha arte mixed media. É uma forma de me levar de volta àquela infância perdida que não tive. Com ela, eu trago de volta no meu mundo imaginário os desenhos animados pelos quais fui impedida de assistir. Minha arte me transmite tanta paz. A arte capta o exato momento de sentimentos e emoções: amor, dor ou solidão. Podendo ser black ou white, multicolorido ou incolor, tudo depende do seu jeito de agir. A arte te analisa de ponta a cabeça, de dentro para fora, entre linhas e traços, cores e nuances, exatamente aquilo que você não podia dizer com palavras.

Shirley Halgand usa sua autenticidade e criatividade, misturando inspirações de cores, encantos e magias. Sua resiliência e força são o que a fortalece no seu dia a dia. Shirley tem sua artista favorita: são as pinturas nas pedras, que ela chama de suas pedras preciosas. Nas canvas, ela usa colagens, cores, texturas e material reciclável, que considera um fator importante e fundamental para o nosso meio ambiente e para a conservação de um mundo melhor.

Precisamos nos colocarmos em posições em que podemos fazer algo por um mundo melhor e ensinarmos nossos filhos as ferramentas certas e necessárias para que, no futuro, eles possam governar esse mundo de uma forma adequada e inteligente. A arte plástica tem esse poder, assim como os livros e nossa rica literatura, e através da música, do teatro, etc. Tudo isso nos transforma e nos faz pessoas melhores. A arte mudou minha vida de uma maneira inesperada. Eu também contribuí para essa mudança e aceitei de braços abertos.

Porque acredito que todos nós somos capazes de sermos pessoas melhores na vida, ajudando quem precisa, o que também é uma forma de nos ajudarmos. Amando e respeitando o nosso próximo.

"Empreender é sinônimo de persistência e amor incondicional"

MUMPRENEURS

MUMPRENEURS

Alexandra Pereira

Em 2008, com o coração repleto de esperança e emoção, eu chegava em Londres, grávida de sete meses. Essa não foi uma jornada fácil; passei por muitas dificuldades para engravidar, então, quando finalmente a oportunidade de ser mãe se concretizou, meu desejo mais profundo era estar presente em cada etapa da vida da minha filha. Decidi, então, que seria uma mãe integral durante os três primeiros anos dela, uma fase crucial e única que queria viver plenamente.

Esses anos foram preciosos e desafiadores. A maternidade exige uma entrega completa, e há tanto para aprender. Mas, ao mesmo tempo, sempre tive um desejo de manter minha independência financeira. Cuidar da minha filha era minha prioridade, mas também queria uma profissão que me permitisse estar próxima dela e ainda manter minha autonomia. E, quando chegou a hora de ela começar a frequentar a escola, fui em busca de algo que equilibrasse essa necessidade com meu amor pela maternidade. Foi assim que conheci o trabalho de Childminder, uma profissão que unia meus valores familiares com minha vontade de contribuir financeiramente. Como Childminder, pude oferecer cuidado e carinho a outras crianças, e, de certa forma, me realizar também no lado profissional. Tive a sorte de encontrar algo que me permitia continuar presente na vida da minha filha enquanto ajudava outras famílias.

Os primeiros meses não foram fáceis, claro. Londres é uma cidade multicultural, e o contraste entre a cultura inglesa e a nossa cultura brasileira era muito evidente. O jeito de cuidar, de educar, de dar carinho... cada detalhe tem uma forma diferente de ser visto, de ser interpretado. Mas, aos poucos, fui encontrando uma forma de misturar o melhor dos dois mundos. Trouxe a ternura, o calor e a energia que tanto valorizamos na nossa cultura, combinando-os com o pragmatismo e a disciplina que encontrei na cultura inglesa. Essa mistura tornou-se o alicerce do meu trabalho e um diferencial na maneira como cuido das crianças.

Ao longo dos anos, tive o privilégio de conhecer mais de 70 famílias. Cada uma com suas histórias, suas tradições, seus desafios e suas alegrias. Acompanhei o crescimento de muitas crianças, vi os primeiros passos, ouvi as primeiras palavras, compartilhei dos medos e das conquistas. Em cada um desses momentos, senti uma satisfação imensa e uma profunda gratidão pela oportunidade de fazer parte de algo tão significativo. Era como se, ao cuidar de cada uma dessas crianças, eu estivesse expandindo minha própria família.

Essa experiência trouxe para mim não só um senso de realização, mas também a independência financeira que sempre valorizei. Pude viajar para vários países, conhecer diferentes culturas e expandir meus horizontes de formas que talvez eu não tivesse imaginado lá no começo, em 2008. Viajar e descobrir o mundo são paixões que carrego comigo, e saber que meu trabalho me permite isso é uma conquista que me enche de orgulho. Além disso, o trabalho me proporcionou algo que não tem preço: a possibilidade de ajudar. Muitas famílias, assim como eu chegam a Londres em situações parecidas com a minha, sem rede de apoio, precisando de compreensão e um espaço seguro para os filhos. Saber que posso fazer essa diferença na vida das pessoas me dá um propósito muito forte. Já tive a oportunidade de auxiliar mães e pais de diversas partes do mundo, cada um com sua história de vida, e percebi que, apesar de todas as diferenças culturais, o amor pelos filhos é um sentimento universal.

Hoje, olhando para trás, sinto um orgulho imenso de toda a trajetória. A maternidade foi minha primeira grande escola, me ensinando paciência, resiliência e amor incondicional. E, com o tempo, o trabalho como Childminder se tornou uma extensão desse aprendizado, me mostrando que é possível cuidar de muitas crianças e, ainda assim, manter-se firme nas raízes de amor e respeito que guiam minha vida.

Conciliar a maternidade e o trabalho é um desafio, mas também uma bênção. Sinto que alcancei um equilíbrio que muitos buscam. Não me sinto apenas uma mãe completa e feliz, mas também uma profissional realizada, alguém que encontrou uma forma de viver plenamente, com todas as alegrias e desafios que isso envolve. Essa jornada não acaba aqui; ela continua a cada dia, com cada criança que chega, cada família que confia no meu trabalho e cada novo sonho que surge.

MUMPRENEURS

"Mulheres determinadas criam empreendimentos fortes, consistentes com suas personalidades"

MUMPRENEURS

Thaís Altgott

Thaís Altgott é brasileira-germânica, cresceu em Petrópolis no estado do Rio e mora em Londres há mais de dez anos, cidade que considera sua casa de verdade. É especialista em Recolocação

Profissional e Consultora de Recursos Humanos e Recrutamento para pequenas empresas no Reino Unido, com 20 anos de experiência fazendo as pessoas felizes com suas carreiras. Durante os últimos anos vivendo em Londres.

Thais concluiu um MBA em Business & Entrepreneurship (Durante a Pandemia), cursou uma especialização em Gestão de Recursos Humanos, em Recrutamento e uma Pós-graduação em Coaching & Mentoring.

Sua participação na Comunidade Brasileira em Londres e muito ativa, tendo organizado e ministrado programas de desenvolvimento de Carreira com grandes grupos de apoio a Mulher Imigrante, participado em diversos projetos de desenvolvimento pessoal com o CCRU (Conselho de Cidadania do Reino Unido) e o Espaço Mulher do Consulado Brasileiro em Londres, a universidade UniCesumar além de diversas outras iniciativas privadas, através de palestras como Inglês para o mercado de trabalho, Empreendedorismo feminino, Definição de Objetivos, Burn Out e Carreira no Exterior. Também participa ativamente de publicações locais e internacionais, e programas na radio brasileira em Londres, que atinge mais de 12 mil ouvintes no mundo todo.

Seu objetivo é auxiliar pessoas a entrar no mercado de trabalho e empresas a melhorar as relações com os seus colaboradores, através de mentoria e serviços personalizados, adaptados às necessidades de cada um de seus clientes.

"Mãe empreendedora: coração que pulsa e mente que inova"

MUMPRENEURS

Arilane Fernandes

Sou Arilane, mãe e empreendedora na área de terapia multidimensional. Conciliar a maternidade com minha paixão pela cura holística me inspira a ajudar outras pessoas a encontrarem equilíbrio em suas vidas. Através de abordagens que integram o físico, emocional, energético e espiritual, busco oferecer um caminho de autoconhecimento e transformação. Como MumPreneurs, aprendi a importância do autocuidado e da harmonia interior, valores que trago para o meu trabalho como terapeuta, guiando meus clientes a descobrirem seu próprio poder de cura e bem-estar em todas as dimensões da vida.

"Todo pequeno sucesso é uma grande vitória para uma mãe que empreende, seja em casa, seja no trabalho"

MUMPRENEURS

Michelle Costa

Nascida em uma pequena cidade do estado de Goiás, Goiatuba, Michelle Palestina Costa, conquistou a comunidade brasileira empresarial em Londres, com sua empatia e habilidade de comunicação. Sua história passa por desde um abandono a uma grande superação; assim como erros, acertos e, lógico, muita fé. Aliás, fé é uma característica forte em Michele.

Com apenas 16 anos, se casou, sem a certeza se estava preparada pelo que vinha pela frente. Contudo, ainda que tenha tomado decisões nas incertezas, Michele sempre teve ética, soube arcar com as consequências e fazer das adversidades formas de crescimento.

Michele começou sua carreira profissional como vendedora em uma loja no maior Shopping Centre de Goiânia. Ganhou vários prêmios por seu bom atendimento ao cliente. E com esse intuito, tomou a decisão de ir para Londres aonde chegou em 2005. Na época á era mãe e foi uma difícil etapa de sua vida ficar longe da família no Brasil.

Michele passou por abusos profissionais, e hoje entende que qualquer pessoa, sabendo onde buscar ajuda, pode encontrar, e que ninguém deve ser explorado ou abusado. Foram tempos difíceis, nos quais ela contou com o apoio de amigos, como Jonas e toda sua família, bem como da amiga Nádia Luz.

Michele entende que todos esses obstáculos a tornaram mais forte, mais focada e resiliente. Sua jornada continuou com erros e acertos, cada vez mais em direção ao seu propósito e sua missão: Ajudar pessoas e empresas a divulgarem seus eventos e seus negócios de forma diferenciada. Hoje ela é uma das maiores promoters de Londres. Em 2021, começou a olhar mais para si mesma, a ver seu próprio valor, a correr atrás de seus sonhos com mais razão. Recebeu ajuda "dos anjos" Lizandra e Beto, um casal que de forma generosa pagaram pelo processo que resultou em seu visto de permanência no Reino unido, que antes, fora negado por seis vezes. Michele agradece a Deus por suas vidas.

Hoje, Michele trabalha como assessora do maior evento de

premiação no Reino Unido, o Top of Mind, da Fama magazine. Ela recebeu o Prêmio de Destaque Empresarial em 2023. Além disso, trabalha como promoter oficial da Rádio Mais Brazil UK, faz palestras sobre business e atuou realizando entrevistas para o canal TV Londres Notícias. Michele Costa é Embaixadora da plataforma Ela Virou o Jogo, como também está à frente na divulgação da Fama Magazine.

Por várias vezes Michelli pensou em desistir, mas seu espírito de fé, sempre acreditou que algo mudaria, e esse mudança seria para melhor. Hoje, continua crendo que é capaz, que tem uma carreira onde a cada dia se aprimora. Michele continua acreditando e tendo fé que tudo dará certo rumo aos seus projetos e objetivos. O certo é que depois de tanta superação não há como duvidar de seu sucesso garantido e abençoado.

Ela deixa um recado: "Confie no processo. Ele pode ser doloroso, porém, se confiar em Deus, em você, e estiver perto de pessoas boas, você fará o que ama e viverá o melhor desta terra."

MUMPRENEURS

"O maior e verdadeiro empreendimento começa dentro de casa, onde as negociações são constantes e as promoções são fictícias"

MUMPRENEURS

Eliana Medeiros da Silveira

Sou a CEO da empresa My Home Lovely UK, tenho 49 anos e sou mãe de dois filhos, Arthur e Pedro, e avó de três bênçãos: Olívia, Sofia e Nathan. Minha família é meu alicerce e minha fonte de alegria, fortalecida pelas minhas noras, Camila e Chiara, e unida pelos laços de amor, fé e companheirismo. Há 17 anos, estou em Londres, cidade que me acolheu e onde aprendi a crescer e me reinventar como pessoa, como missionária e como empreendedora.

Minha trajetória é a de muitas mulheres: sou mãe, missionária e empreendedora. Com esses papéis vêm alegrias e muitos desafios, especialmente ao tentar equilibrar cada um desses aspectos sem deixar de ser eu mesma. A jornada de uma mãe empreendedora é marcada por essa busca constante de equilíbrio, onde a maternidade, o lar, a carreira e o matrimônio se entrelaçam em um ritmo intenso e, por vezes, desafiador.

Ser missionária é minha vocação e minha identidade espiritual. É o que guia minhas escolhas e me dá forças nos dias difíceis. Essa fé me inspira a ver cada desafio como uma oportunidade de crescimento, e cada etapa como um chamado a servir e a amar. No entanto, mesmo com essa fortaleza espiritual, a realidade das mães empreendedoras é exigente, e há dias em que conciliar todas as responsabilidades parece quase impossível.

Como empreendedora, descobri um caminho para expressar meu espírito criativo e inovador, mas também senti na pele o peso de carregar várias "missões" ao mesmo tempo. Empreender exige dedicação, resiliência e, principalmente, coragem para seguir em frente diante das dificuldades. E quando essas exigências se somam à responsabilidade de ser mãe e esposa, o desafio se multiplica. O tempo torna-se escasso e a vida uma dança complexa entre o trabalho, os cuidados com a família, a administração da casa e a construção do meu relacionamento com Deus.

Na maternidade, encontrei minha maior fonte de alegria e crescimento, mas também um dos maiores desafios: como dar o melhor de mim para meus filhos e netos e, ao mesmo tempo, não perder de vista meus sonhos e projetos pessoais? Para muitas mães, empreender é uma forma de alcançar a independência e realizar um propósito, mas também é um caminho que requer sacrifícios e muita persistência. A cada passo, as pressões externas e internas se fazem presentes, e precisamos aprender a viver com essa dualidade: o desejo de ser tudo para aqueles que amamos e, ao mesmo tempo, a necessidade de cuidar de nós mesmas e dos nossos sonhos.

Como mãe empreendedora, sei que a sociedade muitas vezes espera que a mulher seja a "gestora" de seu lar, mesmo enquanto realiza projetos profissionais. Essa sobrecarga é uma realidade que muitas mulheres enfrentam diariamente, levando à exaustão e à frustração. O caminho da conciliação é árduo, mas acredito que, ao compartilharmos nossas histórias, podemos inspirar outras mulheres a não desistirem de seus sonhos, e a encontrarem forças para seguir em frente, mesmo nas adversidades.

Hoje, sei que cada desafio que enfrentei me tornou uma pessoa mais forte, uma mãe mais dedicada, uma empreendedora mais resiliente e uma missionária mais comprometida com o meu chamado. Minha fé em Deus é meu maior suporte, e é nela que encontro a coragem para seguir em frente, acreditando que cada uma de nós, mães e mulheres, é capaz de equilibrar com graça e força os muitos papéis que a vida nos deu.

Que minha história seja um lembrete para outras mães empreendedoras de que, apesar das dificuldades, existe sim um caminho possível, onde é possível ser mãe, missionária e profissional, sem renunciar aos nossos sonhos e valores.

Tenho 49 anos e sou mãe de dois filhos, Arthur e Pedro, e avó de três bênçãos: Olívia, Sofia e Nathan. Ao lado das minhas noras, Camila e Chiara, nossa família cresce com amor e união, fortalecida pela fé e pelo compromisso de caminharmos juntos, celebrando cada etapa e apoiando-se mutuamente. Há 17 anos, vim para Londres, uma mudança que representou muito mais que uma troca de endereço. Esta cidade se tornou meu lar, onde cresci, enfrentei desafios e descobri novas possibilidades. Mas, acima de tudo, trouxe comigo os valores que norteiam minha vida: minha fé cristã e a vocação missionária, que orienta todas as áreas da minha jornada.

Ser missionária não é apenas uma parte da minha identidade; é minha missão de vida, uma dedicação a compartilhar amor, esperança e a Palavra de Deus com aqueles que cruzam meu caminho. Cada passo que dou é guiado pela certeza de que minha fé é um pilar e uma fonte de força, que me sustenta e inspira em cada novo desafio.

Como empreendedora, encontrei uma forma de unir meu desejo de servir com meu espírito de inovação e realização. No trabalho, vejo a oportunidade de transformar e impactar positivamente a vida das pessoas, mantendo a integridade e os princípios cristãos em todas as decisões.

Mas, acima de todas essas missões e papéis, sou mãe. A maternidade é a essência do meu ser, minha fonte inesgotável de aprendizado e de crescimento. Cada conquista dos meus filhos é um reflexo de minha dedicação e de meu amor incondicional por eles.

Com uma vida repleta de experiências e aprendizados, sigo confiante e grata, acreditando que cada dia é uma nova oportunidade para servir, aprender e amar. A minha identidade é essa combinação de fé, família, trabalho e missão – e, através de tudo, sou guiada por um único propósito: ser uma serva fiel, uma mãe amorosa e uma pessoa que escolhe, todos os dias, viver e compartilhar a graça de Deus.

INTRODUÇÃO PARA CAPÍTULOS DE ATIVIDADES

Introdução para capítulo de atividades:

Nesta seção do livro, compartilho algumas das atividades reflexivas que desenvolvo com os pais, atividades que podem ser aplicadas tanto na vida profissional quanto no familiar. Elas foram pensadas para ajudar você a reconhecer a quanto poderosa você é como mãe e empreendedora, e ao mesmo tempo, podem trazer à tona desafios que talvez você ainda não tenha percebido. Em alguns momentos, isso pode parecer assustador — afinal, equilibrar todas as responsabilidades de um negócio e de uma família não é tarefa fácil. No entanto, ao longo dessas atividades, trabalharemos juntas para encontrar maneiras de balancear seus afazeres diários, enquanto ajudamos seus filhos a crescerem fortes e resilientes. A proposta é que, ao final, você se sinta mais confiante, organizada e pronta para enfrentar os desafios com uma visão renovada e cheia de propósito.

FUNÇÕES EXECUTIVAS

Funções Executivas
Quem gere sua empresa?

Em cada função executiva marque quem é o responsável em sua empresa, depois faça o mesmo com as funções executivas equivalentes em sua família.

Funções	Eu	Meu parceiro(a)	Outra pessoa/ contratado(a)
Chief Executive Officer (CEO): O CEO é o executivo de mais alto escalão da empresa e é responsável pela direção estratégica geral, tomada de decisões e gerenciamento. O CEO representa a empresa para as partes interessadas e garante que as metas e objetivos da empresa sejam alcançados.			
Chief Operating Officer (COO): O COO supervisiona as operações diárias da empresa e garante que o negócio funcione sem problemas. Eles geralmente gerenciam vários departamentos e garantem eficiência e eficácia operacional.			

Diretor Financeiro (CFO): O CFO é responsável por gerenciar o planejamento financeiro, gerenciamento de riscos, manutenção de registros e relatórios financeiros da empresa. Eles garantem a saúde financeira e a sustentabilidade da empresa.			
Diretor de Marketing (CMO): O CMO supervisiona a estratégia de marketing, gerenciamento de marca, publicidade e esforços de engajamento do cliente. Eles trabalham para melhorar a presença da empresa no mercado e a base de clientes.			
Diretor de Tecnologia (CTO): O CTO é responsável pela direção e estratégia tecnológica da empresa. Eles gerenciam o desenvolvimento e a implementação de soluções de tecnologia para melhorar produtos e serviços.			
Diretor de Informações (CIO): O CIO gerencia a infraestrutura de TI e os sistemas de informação da empresa. Eles garantem a segurança dos dados, gerenciam os recursos de TI e alinham a tecnologia com as metas de negócios.			
Diretor de Recursos Humanos (CHRO): O CHRO supervisiona a gestão de recursos humanos, incluindo recrutamento, treinamento, relações com funcionários e desenvolvimento organizacional. Eles garantem que a empresa atraia e retenha os melhores talentos.			
Diretor de Conformidade (CCO): O CCO garante que a empresa cumpra todos os requisitos legais e regulamentares. Eles gerenciam riscos e garantem a adesão a padrões éticos e governança corporativa.			

Diretor de Inovação (CINO): O CINO se concentra em impulsionar a inovação dentro da empresa. Eles exploram novas oportunidades de negócios, produtos e serviços para garantir que a empresa permaneça competitiva.			
Diretor de Estratégia (CSO): O CSO é responsável por desenvolver e implementar as iniciativas estratégicas da empresa. Eles analisam as tendências do mercado e garantem que a empresa esteja posicionada para o sucesso a longo prazo.			
Dos 10 chapéus, quantos eu uso em minha empresa?			

Funções	Eu	Meu parceiro(a)	Outra pessoa/ contratado(a)
Diretor Executivo (CEO): Equivalente da família: Chefe da família (por exemplo, tomador de decisão principal ou ambos os pais). - Tomada de decisão geral, definição de metas familiares e planejamento de longo prazo.			
Diretor de Operações (COO): Equivalente familiar: Cuidador principal ou dona de casa. - Gerenciar as operações diárias, como planejamento de refeições, limpeza e organização de atividades.			
Diretor Financeiro (CFO): Equivalente familiar: Gerente financeiro (por exemplo, a pessoa que lida com o orçamento). - Orçamento, gerenciamento das finanças domésticas, pagamento de contas e planejamento de economias e investimentos.			

Diretor de Marketing (CMO): Equivalente ao domicílio: Coordenador Social. - Planejar eventos sociais, manter relacionamentos familiares e gerenciar a comunicação com familiares e amigos.		
Diretor de Tecnologia (CTO): Equivalente familiar: Membro da família com experiência em tecnologia. - Configurar e manter a tecnologia doméstica, solucionar problemas técnicos e garantir que a família permaneça conectada.		
Diretor de Informações (CIO): Equivalente familiar: Gerente de informações. Gerenciar documentos importantes, agendas familiares e garantir que todos estejam informados e organizados.		
Diretor de Recursos Humanos (CHRO): Equivalente familiar: Gerente de RH da família. - Gerenciar relacionamentos, resolver conflitos e garantir que as necessidades e o bem-estar de todos sejam atendidos.		
Diretor de Conformidade (CCO): Equivalente à Família: Executor de Regras. - Garantir que as regras e regulamentos domésticos sejam seguidos, manter a segurança e garantir a conformidade com os requisitos externos (por exemplo, regulamentos escolares).		
Diretor de Inovação (CINO): Equivalente à família: Diretor de criação. - Introduzir novas atividades, hobbies e inovações para manter a família envolvida e adaptável.		

Diretor de Estratégia (CSO): Equivalente familiar: planejador/ Estrategista. - Planejar férias, futuros projetos familiares e definir metas de curto e longo prazo para a família.		
Dos 10 chapéus, quantos eu uso em minha família?		

Reflita...
Como se sente depois de saber o quanto sou responsável?
Você está delegando o bastante? Poderia delegar mais? Ou menos?
Você está feliz com esse balanço?
Oque gostaria que mudasse?
Qual ajuda precisa X o quanto pode fazer sozinha?

VULNERABILIDADE

"VULNERABILIDADE E NOSSA MEDIDA MAIS PRECISA DE CORAGEM" Brene Brown

No meu trabalho e nas minhas palestras, gosto de destacar a importância da vulnerabilidade através da arte do 'Kintsugi', uma antiga técnica japonesa de reparação de cerâmicas quebradas com ouro. O 'Kintsugi' nos ensina que nossas "rachaduras" e momentos de fragilidade não precisam ser escondidos, mas sim valorizados como parte da nossa história. Assim como as peças reparadas com ouro se tornam mais belas e únicas, acredito que nossas vulnerabilidades nos tornam mais fortes e autênticas. É essa beleza em nossas imperfeições que nos conecta e nos permite crescer, tanto como mães quanto empreendedoras.

As rachaduras são costuradas com resina laca e pó de ouro, prata ou platina, e muitas vezes fazem referência a formas naturais como cachoeiras, rios ou paisagens. Este método transforma o artefato em algo novo, tornando-o mais raro, bonito e mais importante e valioso do que o original.

Os principais pontos por trás da arte
- Não devemos esperar que as pessoas sejam perfeitas.
- Podemos apreciar quando as pessoas expõem as suas vulnerabilidades, mostram feridas antigas ou admitem erros.
- É uma prova de que somos todos imperfeitos.
- Curamo-nos e crescemos quando sobrevivemos a golpes sofridos por nós próprios ou pela nossa reputação.
- Expor vulnerabilidades, ao admitir erros, cria intimidade e confiança nos relacionamentos e promove o entendimento mútuo.

Em nosso mundo agitado, tendemos a...

- Vemos a honestidade das outras pessoas sobre suas falhas como algo positivo.

&

- muitas vezes ficamos aliviados quando os outros são sinceros.

Entretanto...

- Temos medo de nos expor.

&

- Consideramos muito mais problemático admitir nossas próprias falhas.

Lembre-se de que imperfeições são dádivas a serem trabalhadas, não vergonhas a serem escondidas.

Transforme o comum em extraordinário!
- É um absurdo ficarmos envergonhado com erros e fracassos em nossas vidas porque eles acontecem com todos e nenhuma experiência é desperdiçada. Entretanto e assim que nos sentimos...
- Tudo o que você faz - bom, bonito, ruim, feio - pode servir como uma lição (de vida), mesmo que você nunca mais queira repetir. Na verdade, os erros podem ser as experiências mais importantes e eficazes de todas. E pode ser compartilhado de forma verdadeira com seus amigos mais próximos e isso também lhes ensinaria as lições que você aprendeu.

Reflita e ponha em prática:

Em contrapartida, na minha abordagem:

Gerenciar as demandas de casa e de um negócio pode ser extremamente desafiador, especialmente para mães empreendedoras. Quando não há uma organização clara das tarefas e uma distribuição eficaz de responsabilidades, o resultado pode ser sobrecarga, estresse elevado e até esgotamento físico e emocional. Esta atividade foi projetada para ajudar você a identificar o que realmente é prioritário e delegar aquilo que não precisa ser feito diretamente por você. Ao aprender a equilibrar suas responsabilidades, você conseguirá manter uma rotina mais produtiva, saudável e equilibrada, tanto para você quanto para sua família.

1 - Façam duas listas: uma com todas as tarefas relacionadas ao trabalho/empresa e outra com os afazeres domésticos e pessoais. Pense em tudo, desde pequenas tarefas até grandes projetos.

CASA	EMPRESA

2 - Usando as canetas coloridas, classifique as tarefas nas três categorias abaixo. Considere tarefas que são suas ou problema de outras pessoas:

URGENTES E IMPORTANTES	IMPORTANTES, MAS NÃO URGENTES	DELEGÁVEIS
Tarefas que precisam ser feitas imediatamente e por elas mesmas.	Tarefas que podem ser programadas ou realizadas com calma.	Tarefas que podem ser delegadas a outras pessoas, como parceiros, familiares, ou profissionais contratados.

3 - Delegação e Compartilhamento

Delegar tarefas é uma habilidade essencial para qualquer mãe empreendedora que busca equilibrar as responsabilidades de casa e do trabalho. No entanto, muitas vezes há uma hesitação em passar tarefas para outras pessoas, seja por perfeccionismo ou pelo sentimento de que precisa fazer tudo sozinha. No entanto, aprender a delegar é uma forma poderosa de aliviar a sobrecarga e garantir que as atividades mais importantes recebam sua total atenção. Neste passo, vamos identificar tarefas que podem ser delegadas a parceiros, familiares, colegas ou contratados. Ao compartilhar responsabilidades, você não apenas ganha mais tempo para focar nas prioridades, mas também cria um ambiente mais colaborativo e de suporte.

Pense...

Porque e tão difícil, para muitos delegar? Como quão confortável você se sente? O quanto você delega a seus filhos?

Tarefas que seus filhos podem fazer:

4 - Implementar a Regra do "80/20"
A "Regra do 80/20", também conhecida como Princípio de Pareto, é uma ferramenta poderosa para mães empreendedoras que precisam equilibrar várias tarefas. Esse princípio afirma que

20% das suas ações geram 80% dos seus resultados. Ao identificar quais atividades têm o maior impacto no seu negócio e na sua vida pessoal, você pode concentrar seu tempo e energia nelas, em vez de se perder em tarefas de baixo retorno. Neste passo, vamos analisar sua lista de afazeres e destacar as ações que realmente fazem a diferença, ajudando você a ser mais eficiente e produtiva no dia a dia.

Em sua lista acima marque as tarefas de maior impacto em suas vidas e negócios para focar mais nelas.

5 — Reflexão

Agora que você organizou suas prioridades, delegou tarefas e aplicou a Regra do 80/20, é hora de refletir sobre como essas mudanças podem impactar positivamente sua rotina. Ao se permitir equilibrar melhor as responsabilidades entre o trabalho e a casa, você não só melhora sua produtividade, mas também seu bem-estar e qualidade de vida. Lembre-se de que buscar ajuda e focar no que realmente importa é um sinal de força, não de fraqueza. Esse processo contínuo de avaliação e ajuste ajudará você a manter um equilíbrio saudável e sustentável no longo prazo.

O que delegar aos filhos dependendo da faixa etária e habilidade?

Incentivar os filhos a assumirem responsabilidades desde cedo é uma maneira poderosa de prepará-los para a vida adulta, ao mesmo tempo em que alivia a carga diária das mães. Delegar tarefas adequadas à idade ensina habilidades essenciais, promove a independência e aumenta a confiança das crianças e jovens. É importante que as mães reconheçam e respeitem as habilidades e interesses individuais de seus filhos, permitindo que eles assumam tarefas que não apenas correspondam à sua capacidade, mas também despertem seu gosto. Essa abordagem personalizada reforça o senso de pertencimento e contribuição, enquanto fortalece a autonomia de forma positiva e encorajadora.

Aqui estão algumas ideias de tarefas adequadas para delegar aos filhos de acordo com a idade, ajudando-os a desenvolver responsabilidade, autonomia e habilidades práticas:

3 a 5 anos:
- Guardar brinquedos: Ensine a importância de manter o quarto ou área de brincadeira organizada.
- Ajudar a arrumar a cama: Pode começar a colocar almofadas ou puxar as cobertas, mesmo que de forma simples.
- Colocar a roupa suja no cesto: Eles podem ser responsáveis por organizar suas próprias roupas no lugar certo.
- Ajudar a alimentar animais de estimação: Sob supervisão, podem colocar ração ou encher tigelas de água.
- Ajudar a colocar a mesa: Podem levar talheres e guardanapos à mesa.

6 a 8 anos:
- Arrumar a cama completamente: Podem começar a fazer isso sozinhos, com menos supervisão.
- Dobrar roupas pequenas: Peças simples, como meias e panos de prato, podem ser dobradas por eles.
- Ajudar na limpeza leve: Passar um pano nas superfícies baixas ou tirar o pó de móveis.
- Guardar as compras: Organizar itens leves e não perecíveis nos armários.
- Ajudar no preparo de refeições: Lavar frutas e legumes ou mexer ingredientes simples.

9 a 11 anos:
- Lavar louça: Podem lavar itens mais simples e organizar na secadora.
- Varrer e limpar o chão: Usar a vassoura ou até passar um aspirador de pó leve.
- Colocar e retirar a roupa da máquina de lavar: Ajudar a colocar as roupas para lavar e, em seguida, pendurá-las ou colocá-las na secadora.
- Ajudar a cuidar de irmãos mais novos: Supervisão simples,

como brincar ou ler histórias para eles.
- Preparar refeições simples: Sanduíches, saladas e lanches podem ser feitos com segurança.

12 a 15 anos:
- Cuidar de suas roupas: Separar, lavar e dobrar suas próprias roupas.
- Ajudar no planejamento de refeições: Criar listas de compras, preparar refeições mais complexas e aprender sobre nutrição.
- Lavar o carro: Podem lavar o exterior ou limpar o interior.
- Limpeza de cômodos: Responsáveis pela limpeza completa de seu próprio quarto ou outro cômodo da casa.
- Cuidar de animais de estimação: Alimentar, passear e limpar espaços dos animais.

16 a 18 anos:
- Fazer compras para a casa: Com uma lista, podem ir sozinhos ao mercado para compras menores.
- Gerenciar suas finanças pessoais: Aprender sobre orçamento, poupança e gerenciar pequenas quantias.
- Preparar refeições completas: Podem assumir uma refeição para a família, cuidando de todo o processo.
- Tarefas de manutenção simples: Ajudar em reparos leves ou manutenção básica da casa, como trocar lâmpadas.
- Planejar e organizar atividades familiares: Desde organizar uma pequena festa até coordenar viagens ou passeios em grupo.

Essas tarefas são adaptadas ao nível de habilidade e maturidade de cada faixa etária, promovendo independência e ensinando responsabilidade à medida que crescem.

MUMPRENEURS

*Dedicado
a todas as mulheres,
em especial,
as mumpreneurs*

MUMPRENEURS

Printed in Great Britain
by Amazon